D

cbj

DER AUTOR

Ingo Siegner, 1965 geboren, wuchs in Großburgwedel auf. Schon als Kind erfand er gerne Geschichten. Später brachte er sich das Zeichnen bei. Mit seinen Büchern vom kleinen Drachen Kokosnuss, die in viele Sprachen übersetzt sind, eroberte er auf Anhieb die Herzen der jungen Leser und Leserinnen. Ingo Siegner lebt und arbeitet als Autor und Illustrator in Hannover.

Von Ingo Siegner sind als cbj Taschenbücher erschienen:

»Little Dragon Coconut and the Black Knight« (21796)
»Der kleine Drache Kokosnuss feiert Weihnachten« (21958)
»Weihnachten bei Paulchen Bär« (22201)
»Das große Buch vom kleinen Erdmännchen Gustav« (22374)
»Gustav vor, noch ein Tor!« (22487)
»Der kleine Drache Kokosnuss« (22473)
»Der kleine Drache Kokosnuss und das Geheimnis der Mumie« (22557)
»Der kleine Drache Kokosnuss und der große Zauberer« (22564)

Als cbj Hardcover sind erschienen:

»Der kleine Drache Kokosnuss« (12683)
»Der kleine Drache Kokosnuss feiert Weihnachten« (12765)
»Der kleine Drache Kokosnuss kommt in die Schule« (12716)
»Der kleine Drache Kokosnuss – Hab keine Angst!« (12806)
»Der kleine Drache Kokosnuss und der große Zauberer« (12807)
»Der kleine Drache Kokosnuss und der schwarze Ritter« (12808)
»Der kleine Drache Kokosnuss und seine Abenteuer« (13075)
gekürzte Fassung des Bilderbuchs »Der kleine Drache Kokosnuss« (12683)
»Der kleine Drache Kokosnuss – Schulfest auf dem Feuerfelsen« (12941)
»Der kleine Drache Kokosnuss besucht den Weihnachtsmann« (13202)
gekürzte Fassung des Buchs »Der kleine Drache Kokosnuss feiert Weihnachten« (12765)
»Der kleine Drache Kokosnuss und die Wetterhexe« (12942)
»Der kleine Drache Kokosnuss reist um die Welt« (13038)
»Der kleine Drache Kokosnuss und die wilden Piraten« (13437)
»Der kleine Drache Kokosnuss im Spukschloss« (13039)
»Der kleine Drache Kokosnuss und der Schatz im Dschungel« (13645)
»Der kleine Drache Kokosnuss und das Vampir-Abenteuer« (13702)
»Der kleine Drache Kokosnuss und das Geheimnis der Mumie« (13703)
»Der kleine Drache Kokosnuss und die starken Wikinger« (13704)
»Der kleine Drache Kokosnuss auf der Suche nach Atlantis« (15280)
»Der kleine Drache Kokosnuss bei den Indianern« (15281)
»Der kleine Drache Kokosnuss im Weltraum« (15283)
»Der kleine Drache Kokosnuss reist in die Steinzeit« (15282)
»Der kleine Drache Kokosnuss – Schulausflug ins Abenteuer« (15637)
»Der kleine Drache Kokosnuss bei den Dinosauriern« (15660)
»Der kleine Drache Kokosnuss und der geheimnisvolle Tempel« (15829)
»Der kleine Drache Kokosnuss und die Reise zum Nordpol« (15863)
»Der kleine Drache Kokosnuss – Expedition auf dem Nil« (15978)

Ingo Siegner

Der kleine Drache Kokosnuss
kommt in die Schule

cbj

cbj Kinder- und Jugendbuchverlag
in der Verlagsgruppe Random House

MIX
Papier aus verantwortungsvollen Quellen
FSC® C005833
www.fsc.org

Verlagsgruppe Random House FSC® N001967
Das für dieses Buch verwendete FSC®-zertifizierte Papier
Profibulk von Sappi liefert IGEPA.

1. Auflage 2015
Neuausgabe als cbj Taschenbuch Oktober 2015

Umschlagbild und Innenillustrationen: Ingo Siegner
Umschlagkonzeption: basic-book-design, Karl Müller-Bussdorf
SaS · Herstellung: CB
Satz und Reproduktion: Lorenz & Zeller, Inning a. A.
Druck und Bindung: Těšínská tiskárna, a. s., Český Těšín
ISBN: 978-3-570-22534-9
Printed in the Czech Republic

www.drache-kokosnuss.de
www.cbj-verlag.de

Inhalt

Der Fressdrache im Himbeerbusch

Kokosnuss, aufstehen! Heute ist der große Tag!«, sagt Magnus eines Morgens.
Magnus ist der Vater des kleinen Drachen Kokosnuss.
»Wieso ist der Tag denn groß?«, fragt Kokosnuss.
»Na, weil du in die Schule kommst, deshalb«, antwortet Magnus.
»Gibt es denn auch kleine Tage?«
Magnus überlegt. »Hm, nicht dass ich wüsste. Aber große Tage gibt es. Und mittlere und normale Tage gibt es auch. Und heute ist ein großer Tag, denn den ersten Schultag gibt es nur einmal im Leben.«
Der erste Schultag!
In Kokosnuss' kleinem Drachenbauch kribbelt es schon seit Tagen vor Aufregung.

Auf dem Platz vor der Schulhöhle wimmelt es von Drachen: große und kleine und alte und

junge. Denn jedes Drachenkind wird von seiner Familie begleitet. Mittendrin steht Kokosnuss mit seinen Eltern Mette und Magnus und mit Oma Aurelia und Opa Jörgen.
Kokosnuss trägt eine Drachenschultüte, die größer ist als er selbst. Auf die Schultüte hatte er sich am meisten gefreut, aber jetzt ist er viel zu aufgeregt, um daran zu denken. Er ist sogar so aufgeregt, dass er dauernd pinkeln muss.
»Mama«, flüstert er. »Ich muss mal!«
»Schon wieder?«, sagt Mette.
»Ganz dringend!«
»Na gut«, seufzt Mette. »Geh dort hinten in die Büsche. Aber beeil dich, es geht gleich los!«

Kokosnuss huscht in die Holunderbüsche. Gerade als er wieder auf den Platz zurückgehen

will, bemerkt er, wie sich oberhalb in den Büschen am Felsen etwas bewegt. Was war das? Leise schleicht er zum Felsen hinauf. Plötzlich bleibt er stehen. Unter einem Himbeerbusch ragt ein rotbrauner Drachenfuß hervor.
Au weia!, denkt Kokosnuss. Das ist ein Fressdrachenfuß! Fressdrachen sind gefährliche Drachen, die andere Tiere fressen. Aber es ist ein ziemlich kleiner Fressdrachenfuß. Kokosnuss beschließt, der Sache auf den Grund zu gehen. Langsam geht er auf den Himbeerbusch zu.

»He, du da!«, ruft er plötzlich. »Was machst du in dem Busch?«
Da zuckt der Drachenfuß zurück, der Himbeerbusch wackelt, als wenn ein starker Windstoß hindurchginge, und plötzlich kullert ein junger Fressdrache heraus.
Im Nu springt er auf und faucht: »Was geht dich das an, was ich hier mache?«
»Werd nicht frech, sonst verbrenn ich dir die Schnauze!«, faucht Kokosnuss zurück.
»Ich bin nämlich ein Feuerdrache!«
»Pah!«, erwidert der andere.
»Dafür bin ich ein Fressdrache! Und wenn du frech wirst, fress ich dich zum Frühstück!«
»Das glaubst aber nur du! Wir Feuerdrachen sind viel zu schlau, um uns auffressen zu

lassen! Und weißt du auch, warum wir schlau sind? Weil wir nämlich in die Schule gehen. Ich gehe auch zur Schule, und zwar ab heute!«

»Pah! Schule!«, sagt der kleine Fressdrache und rümpft die Nase. »Wir Fressdrachen brauchen keine Schule.«

»Und warum schleichst du dann hier herum und guckst heimlich zu?«, fragt Kokosnuss.

»Ich wollte nur mal gucken, wie so eine Schule aussieht«, antwortet der Fressdrachenjunge.

»Komm doch einfach mit hinunter!«, schlägt Kokosnuss vor.

»Ach nö«, brummt der kleine Fressdrache. »So spannend ist das nun auch wieder nicht.«

In diesem Augenblick ertönt auf dem Platz ein lautes

Gongbadadong!

»Oh! Die Schulglocke! Ich muss los. Das ist heute mein erster Schultag, weißt du«, sagt Kokosnuss.
»Schon klar«, sagt der kleine Fressdrache.
»Vielleicht sehen wir uns mal wieder!«, ruft Kokosnuss und läuft zurück zum Schulplatz.
»Hm«, brummt der kleine Fressdrache und blickt dem Feuerdrachen nach.

Die erste Schulstunde

Auf dem Platz ist es nun ganz still. Am Eingang der Höhle erscheint der Drachenlehrer Kornelius Kaktus. Kornelius ist ein sehr weiser Stacheldrache. Wegen seiner Weisheit wird er auf der ganzen Dracheninsel geschätzt.
Zuerst begrüßt Kornelius alle Drachen auf dem Schulplatz. Dann wendet er sich an die kleinen Drachenschüler: »Heute werdet ihr in unsere Drachenschule aufgenommen. Das ist ein sehr wichtiger Tag für euch! Jeder, der gleich aufgerufen wird, kommt bitte hinauf zu mir. Und die Schultüte nicht vergessen!«
Der Drachenlehrer entfaltet ein großes Blatt Papier und beginnt vorzulesen: »Anna Achterbahn, Duftikus Dickbauch, Dagobert Dideldum, Gisa Gießkanne, Gunda Guckmada, Kiki Knickerich, Kokosnuss Kugelig, Lulu Langhals, Patetikus Pudelmütz, Tita Tiralu, Willi Wackelbacke und Zita Zitterbein.«

Nacheinander marschieren die aufgerufenen jungen Drachinnen und Drachen hinauf zur Schulhöhle. Die erwachsenen Drachen schauen ihren Kindern stolz nach. Doch dann leert sich der Schulplatz, denn zu Hause in den Drachenhöhlen muss jetzt das Festessen für den Nachmittag vorbereitet werden.

Die Schulhöhle ist sehr groß. An einer Seite sind hohe Fenster in den Fels gehauen. Überall an den Wänden hängen bunte Bilder und in der Mitte der Höhle steht ein langer, gebogener Tisch für die Drachenschüler. Neben einer großen Schiefertafel ist der Platz von Kornelius.

Als alle Drachenkinder auf den Schulbänken Platz genommen haben, sagt Kornelius:

»Als Erstes dürft ihr eure Drachenschultüten auspacken!«

Das lassen sich die kleinen Drachen nicht zweimal sagen. Jeder findet in seiner Schultüte eine frische Kokosnuss, ein Namensschild, einen Schulranzen, eine kleine Mappe mit Stiften, Radiergummi und Anspitzer, eine Trinkflasche, zwei Schreibblöcke, eine Badehose und Schwimmflügel. Alles, was ein richtiger Drachenschüler braucht!

»Und nun nehmt einen Schreibblock und einen Stift und versucht, den Anfangsbuchstaben eures Namens zu schreiben. Wie der aussieht, seht ihr auf dem Namensschildchen«, sagt Kornelius.

Während die Drachenkinder versuchen, ihren ersten Buchstaben zu schreiben, geht Kornelius durch die Reihen und hilft mal hier und mal dort. Es ist gar nicht so schwer. Einige Kinder, wie zum Beispiel Kokosnuss, können sogar schon ihren ganzen Namen schreiben. Manche Buchstaben sehen allerdings etwas merkwürdig aus: 

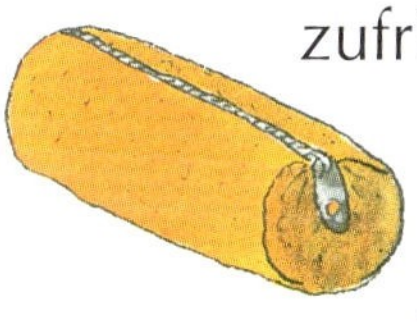

»Das klappt ja schon ganz gut«, sagt Kornelius zufrieden. »Und nun legt alle Sachen beiseite, denn jetzt kommt das Wichtigste am ersten Schultag: das Namenlernen. Jeder sucht sich ein Wort aus, das mit demselben Buchstaben beginnt wie der eigene Name.«

Die Drachenkinder überlegen nicht lange: »Ich heiße Anna wie Anakonda. Das ist die größte Schlange auf der Welt«, sagt Anna. »Ich heiße Duftikus wie Dudelsack. Das ist ein Musikinstrument«, sagt Duftikus. Und so geht es weiter: Dagobert wie

Dromedar, Gisa wie Gemüse, Gunda wie Gondel, Kiki wie Kikeriki, Kokosnuss wie Kolibri, Lulu wie Luftschiff, Patetikus wie Panama-Baumstachelratte. STOPP!
»Panama-Baumstachelratte?«, fragt Kokosnuss. »Was soll denn das sein?«
»Das gibt's!«, erwidert Patetikus. »Das ist mein Lieblingstier!«
Kornelius schaut im großen Tierbuch nach. »Tatsächlich«, sagt der Lehrer. »Patetikus hat Recht. Die Panama-Baumstachelratte geht also in Ordnung.«
Fehlen noch drei: Tita wie Tunfisch, Willi wie Wippe, Zita wie Zipfelmütze.
Am Ende des Unterrichts zeigt Kornelius jedem Drachenkind ein Fach, in das es die Schulsachen hineinlegen kann. Und jedes erhält einen Stundenplan, den es mitnehmen kann. Dann rennen die kleinen Drachen nach Hause. Sie können es kaum erwarten, ihren Eltern vom ersten Schultag zu berichten.

Am Nachmittag beginnt das große Festessen auf dem Suppenplatz vor den Drachenhöhlen. Auch Kornelius Kaktus ist eingeladen. Es gibt köstliche Kokoskremsuppe, beste Inselkartoffeln und das Schulorchester der älteren Drachenschüler spielt Tanzmusik.

Am Abend gehen die Drachenkinder früh schlafen, denn es war ein anstrengender Tag, und morgen geht in aller Frühe die Schule wieder los.

Als Mette ihren Sohn ins Bett bringt, fällt Kokosnuss die Begegnung mit dem Fressdrachenjungen wieder ein.

»Du, Mette«, fragt er, »warum gehen Fressdrachen eigentlich nicht zur Schule?«

Mette überlegt. »Hm, genau weiß ich das auch nicht. Die Fressdrachen lernen von klein auf das Jagen. Das ist alles, was sie machen: jagen und fressen. Vielleicht sagen sie ja: ›Mehr brauchen wir nicht!‹, und gehen deshalb nicht zur Schule. Viele andere Drachenarten gehen ja auch nicht zur Schule. Denk mal an die Meeresdrachen oder die Springdrachen.«

»Aber Stachelschweine gehen zur Schule«, sagt Kokosnuss.

»Stimmt«, lacht Mette. »Stachelschweine machen sogar Klassenfahrten.«

Kokosnuss denkt an Matilda. Matilda ist seine beste Freundin. Sie ist ein Stachelschwein und geht schon in die zweite Klasse. Die ganze Stachelschweinschule ist gerade auf Klassenfahrt in Afrika. Schade, dass Matilda heute nicht dabei war.

Mette gibt Kokosnuss einen Gutenachtkuss und löscht die Kerze. Im Nu ist der kleine Drache eingeschlafen.

Begegnung im Dschungel

Am nächsten Tag beginnt die Schule mit einer Rechenstunde.

»Weiß schon jemand, wie viel zwei plus zwei ergibt?«, fragt Kornelius Kaktus.

Die kleinen Drachen schauen den Lehrer fragend an.

»Weiß jemand, wie viele Bananen er hat, wenn er zwei Bananen hat und noch mal zwei dazuholt?«

»Na, dann hat er vier!«, platzt Duftikus Dickbauch heraus.

»Richtig«, sagt Kornelius. »Also ist zwei und noch mal zwei gleich vier.

Besser gesagt: zwei plus zwei gleich vier. Verstanden?«

Die kleinen Drachen nicken.

»Und wie viel ist drei plus zwei?«

Die Drachenschüler überlegen.

Da meldet sich Kokosnuss: »Das müsste doch eigentlich fünf ergeben.«
Kornelius freut sich: »Sehr gut, Kokosnuss!«

Nach der Schule geht Kokosnuss an den Rand des großen Dschungels, um für das Abendessen Bananen zu pflücken. Am Dschungel wachsen die besten Bananen der ganzen Insel.
Plötzlich hört er seltsame Stimmen ganz in der Nähe: »Sechs!« – »Nee, acht!« – »Nee, sechs!« – »Nee, acht!«
Vorsichtig folgt Kokosnuss dem Klang der Stimmen. Unter einem Mammutbaum erkennt er den kleinen Fressdrachen von gestern wieder. Darüber sitzt auf einem Ast ein Affe.
»Quatsch!«, ruft der Affe. »Zwei und vier macht sechs!«
»Nee, acht!«, beharrt der kleine Fressdrache.
»Du hast doch keine Ahnung!«, mault der Affe beleidigt.
»Aber sechs stimmt bestimmt nicht!«, sagt der kleine Fressdrache.

Da meldet sich Kokosnuss: »Zwei plus vier ist sechs. Das stimmt.«
»Ha!«, kreischt der Affe triumphierend.
»Aber«, fährt Kokosnuss fort, »zwei mal vier macht acht.«
»Siehst du!«, ruft der kleine Fressdrache.
»Aber ich hatte Recht!«, entgegnet der Affe, springt auf den nächsten Ast und verschwindet im tiefen Grün des Dschungels.
»Hallo, kleiner Fressdrache!«, sagt Kokosnuss.
»Du schon wieder«, brummt der kleine Fressdrache.
»Genau, und wie ich sehe, lernst du gerade Rechnen.«
»Na ja, ich versuche es jedenfalls«, antwortet der kleine Fressdrache.
»Komm doch einfach morgen in die Drachenschule. In der Schule macht es mehr Spaß.«
Da setzt sich der kleine Fressdrache auf eine Baumwurzel und sagt traurig: »Ehrlich gesagt: Ich würde ja gerne in die Schule gehen, aber meine Eltern erlauben das nie.«

»Bist du sicher?«, fragt Kokosnuss.
»Ganz sicher! Meine Eltern sagen, Fressdrachen gehen nicht zur Schule, basta.«
»Und wenn ich einmal mit deinen Eltern reden würde?«
»Du?«
»Ja klar! Zu zweit können wir sie sicher überzeugen!«, schlägt Kokosnuss vor. »Oder meinst du, deine Eltern fressen mich auf, wenn ich mit zu euch komme?«
»Nicht, wenn ich sage, dass du mein Freund bist«, antwortet der kleine Fressdrache.

»Dann können wir doch Freunde sein«, schlägt Kokosnuss vor.
Der Fressdrache mustert den kleinen Feuerdrachen und überlegt. Dann sagt er:
»In Ordnung. Ich heiße Oskar Ohnesorge.«
»Und ich heiße Kokosnuss Kugelig«, erwidert Kokosnuss.

In der Höhle der Fressdrachen

Kokosnuss und Oskar marschieren immer am Rande des Dschungels entlang nach Norden, um den östlichsten Drachenberg herum. Bald stehen sie an einer tiefen Schlucht. Auf der anderen Seite erheben sich die Berge der Fressdrachen. An einer Stelle liegt ein dicker Baumstamm quer über der Schlucht. Mit schnellen Schritten rennt Oskar hinüber. Kokosnuss balanciert vorsichtig hinterher.

Dann wandern sie über breite Bergpfade und durch grünes Dickicht, bis sie vor einer riesigen Höhlenöffnung stehen.
»Am besten, ich gehe vor«, sagt Oskar.
Kokosnuss folgt ihm vorsichtig.
Im hohen Höhlengang ist es dunkel, aber am Ende ist ein rötliches Flackern zu sehen. Und ein lautes Schmatzen ist zu hören.
Dann stehen sie am Eingang zur riesigen Haupthöhle. Kokosnuss hält vor Aufregung den Atem an. Dort sitzt ein sehr großer Fressdrache vor einem schweren Tisch, der über und über mit Fleisch beladen ist. Der Fressdrache verspeist gerade einen gebratenen Ochsen. Mit nur zwei Bissen schluckt er den ganzen Ochsen herunter. Dann folgt ein mächtiger Rülpser!
»Ah, köstlich, Bratochse mit Honig, mein Leibgericht!«, sagt der Fressdrache heiser.
»Friss nicht so gierig!«, sagt eine Fressdrachin, die gerade zwei weitere Bratochsen aus dem Ofen holt. »Sonst liegt dir das Essen wieder so schwer im Magen.«

Der Fressdrache grinst: »Ich sage immer: Besser schwer als leer! Nicht wahr, Adele? Hahaha!«
In diesem Augenblick betritt Oskar die Höhle.
»Hallo, Paps! Hallo, Mam! Ich habe einen Freund mitgebracht. Der ist aber nicht zum Auffressen gedacht!«
Der große Fressdrache stutzt und blickt verwundert auf Kokosnuss. »Freund? Ich sehe keinen Freund. Ich sehe einen leckeren kleinen Feuerdrachen.«
Kokosnuss zuckt zusammen.
»Herbert, mach keine Witze!«, sagt die Fressdrachin. »Oskars Freunde sind willkommen und werden auch nicht gefressen. Jedenfalls nicht sofort.«
Wie beruhigend, denkt Kokosnuss.
Die Fressdrachin Adele serviert für Oskar eine große Schüssel Haferbrei.
»Frisst du gar keine Ochsen?«, fragt Kokosnuss.
»Nee, ich habe eine Fleischallergie. Wenn ich Fleisch esse, dann kriege ich Ausschlag«, antwortet Oskar.

»Hmpf«, brummt der große Fressdrache Herbert. »Ich mag's gar nicht hören. Mein Sohn, ein Haferbreischlürfer!«

»Reg dich ab, Herbert. Haferbrei ist gesund. Davon wird er groß und stark!«, sagt Adele.

»Und dann?«, brummt Herbert. »Dann ist er ein großer Haferbreischlürfer – noch schlimmer!«

»Ach, papperlapapp!«, erwidert Adele und fragt den kleinen Gast: »Willst du frisch gebratenen Ochsen?«

»Och«, antwortet Kokosnuss. »Ich nehme auch gerne etwas Haferbrei.«
»Tja, äh«, beginnt Oskar, »wir möchten gern mal mit euch reden. Ich wollte euch nämlich fragen, ob ich in die Schule gehen darf.«
Dem großen Herbert bleibt genau in diesem Augenblick ein fetter Ochsenbissen direkt im Halse stecken. Er läuft rot an und japst erbärmlich nach Luft. Adele schlägt ihm einmal kräftig auf den Rücken. Poff!, fliegt der Fleischbissen in hohem Bogen durch die Höhle.
»Schule? Wozu das denn!«, ruft Herbert wütend.
»Na ja, da lerne ich lesen und schreiben«, antwortet Oskar.
»Und rechnen«, fügt Kokosnuss hinzu.
»Rechnen? Wozu das denn!«, ruft Herbert noch wütender.
»Damit kann man zum Beispiel Ochsen zählen«, erklärt Kokosnuss. »Wenn zehn Ochsen im Ofen liegen und du isst davon vier, dann weißt du, dass du noch genau sechs Ochsen im Ofen hast. Weil nämlich zehn minus vier genau sechs ist.«

»Hä?« Herbert wirft seiner Frau Adele einen fragenden Blick zu. Dann sieht er mürrisch zu Kokosnuss: »Ich jage immer so viele Ochsen, wie ich kriegen kann. Und dann fresse ich immer so viele Ochsen, bis ich keine Luft mehr kriege, basta! Mir doch egal, wie viele das sind!« Und mit einem Riesenhapps verschlingt er einen ganzen Ochsen auf einmal. Erschrocken zuckt Kokosnuss zusammen. »Keine Angst«, flüstert Oskar. »Gleich ist er so

satt, dass er gar keinen Hunger mehr hat.« Und dann fügt er hinzu: »Aber wir sollten besser gehen, sonst wird er noch wütender.«
»Ja, äh, auf Wiedersehen«, stottert Kokosnuss.
»Ich gehe noch bis zur Schlucht mit«, sagt Oskar.
Und noch bevor der große Fressdrache Herbert den ganzen Ochsen heruntergeschluckt hat, sind die beiden Freunde im Höhlengang verschwunden.
»Dein Vater ist aber ganz schön streng«, sagt Kokosnuss, als sie wieder am Rande der Schlucht angekommen sind.
»Ach, eigentlich hat er ein gutes Herz, aber das erkennt man nicht so schnell, weil sein Bauch so dick ist«, seufzt Oskar.
»Zur Schule lässt er dich trotzdem nicht«, erwidert Kokosnuss.
»Das stimmt«, murmelt Oskar traurig.
Kokosnuss überlegt. »Und wenn du einfach trotzdem hingehst?«
»Wie meinst du das?«
»Na, heimlich.«

»Heimlich?«, fragt Oskar.
»Klar!«, sagt Kokosnuss. »Du stromerst doch sowieso den ganzen Tag herum. Da kannst du genauso gut in die Schule gehen. Und deine Eltern müssen es ja nicht erfahren.«
Oskar überlegt. »Werde ich denn überhaupt in die Schule hereingelassen, so als Fressdrache?«
»Ach, Kornelius Kaktus ist ein sehr netter Lehrer. Da darfst du bestimmt mitmachen! Du frisst ja niemanden auf«, antwortet Kokosnuss.
»Stimmt«, murmelt Oskar nachdenklich.
»Ich werde es mir überlegen.«

Ein neuer Schüler

Guten Morgen!«, ruft der Lehrer Kornelius Kaktus.
»Guten Morgen, Kornelius!«, rufen die Drachenkinder.
Es ist der dritte Schultag. Alle Kinder der ersten Drachenklasse haben sich auf dem Schulplatz versammelt.
»Heute gehen wir hinunter zum Strand«, erklärt Kornelius. »Jeder Erstklässler soll bis zum nächsten Vollmond Schwimmen gelernt haben.

Und ich will euch auch sagen, warum. Nämlich weil…«

In diesem Augenblick hält Kornelius inne. Am Rande des Schulplatzes erblickt er einen kleinen rotbraunen Fressdrachen. Verwundert schauen die Kinder sich um. Als sie den kleinen Fressdrachen sehen, springen sie erschrocken auf und verstecken sich hinter Kornelius. Alle außer Kokosnuss. Der erkennt nämlich seinen Freund Oskar und grinst.

Kornelius geht ein paar Schritte auf Oskar zu.

»Ähem«, räuspert sich der Lehrer. »Darf ich fragen, warum du hier am Schulplatz stehst?«

Oskar bekommt einen roten Kopf und kriegt vor Aufregung kein Wort heraus.

»Er würde gerne auch etwas lernen«, ruft Kokosnuss.

Erstaunt wendet sich Kornelius an Kokosnuss: »Du kennst diesen kleinen Fressdrachen wohl?«

»Jawohl, Kornelius. Er heißt Oskar und wir sind befreundet.«

Da geht ein Raunen durch die Klasse. Ein

Feuerdrachen, der einen Fressdrachen zum Freund hat. Das hat es noch nicht gegeben!
Über Oskars Gesicht huscht unmerklich ein kleines, stolzes Lächeln.
»Soso, Freunde«, sagt Kornelius. »Und du möchtest auch zur Schule gehen?«, fragt er den kleinen Oskar.
Jetzt gibt Oskar sich einen Ruck und antwortet: »Furchtbar gerne!«

»Hm«, murmelt Kornelius. Er blinzelt und wiegt den Kopf hin und her, so als würde er angestrengt nachdenken. Schließlich sagt er: »Also gut, warum nicht? Aber du musst versprechen, niemanden zu beißen oder gar zu fressen.«

»Versprochen!«, sagt Oskar.

»Er kann ja neben mir sitzen!«, ruft Kokosnuss.

»Siehst du, Oskar«, sagt Kornelius. »Du hast sogar schon einen Platz. Jetzt brauchst du nur noch Schulzeug. Das bekommst du morgen. Heute gehen wir nämlich nicht in die Schulhöhle, sondern an den Strand.« Und er erklärt, warum heute der Schwimmunterricht beginnt: »Wie ihr vielleicht schon gehört habt, werden wir bald einen Ausflug zur Schildkröteninsel machen. Für zwei Tage und zwei Nächte.«

Die Drachenkinder raunen und staunen und klackern vor Freude mit ihren Krallen. Die Schildkröteninsel ist ein sagenumwobener Ort. Dort lebt das älteste Tier weit und breit: die Olleminna.

»Ruhe, Ruhe!«, ruft Kornelius Kaktus. »Bevor wir die Schildkröteninsel besuchen, muss jedes Drachenkind schwimmen können. Nur wer schwimmen kann, darf auf dem großen Drachenfloß mitfahren.«
Die Drachenkinder jubeln. Mit dem Drachenfloß zur Schildkröteninsel!

Am Strand legt Kornelius jedem Drachenkind Schwimmflügel an. Auch für Oskar hat er Schwimmflügel dabei.

Kokosnuss bemerkt, dass sein Freund am ganzen Körper zittert. »Was hast du denn, Oskar?«
»Wir Fressdrachen können nicht schwimmen«, antwortet Oskar.
»Wir Feuerdrachen auch nicht«, sagt Kokosnuss. »Aber wir lernen es eben.«
»Ein Fressdrache ertrinkt sofort, wenn er ins Wasser geht«, versichert Oskar, und er zittert noch mehr.
Kokosnuss schüttelt den Kopf. »Mit den Schwimmflügeln kannst du überhaupt nicht ertrinken. Da bleibst du immer über Wasser.«
»Bist du sicher?«, fragt Oskar misstrauisch.
»Feuerdrachen-super-sicher!«, antwortet Kokosnuss. Er nimmt Oskar bei der Hand und führt ihn zum Wasser.

Der kleine Fressdrache blickt ängstlich auf das riesige Meer. Aber als er sieht, dass alle anderen Drachenschüler ins Wasser hüpfen, folgt er Kokosnuss, der schon fleißig mit Armen und Beinen herumpaddelt.
»Und jetzt noch ein Stück weiter«, ruft Kokosnuss. »Da wird es nämlich tief, und du merkst, dass du gar nicht untergehst.«
Tatsächlich! Kokosnuss hat Recht. Oskars Füße reichen nicht mehr bis zum Grund, aber die Schwimmflügel halten ihn über Wasser. Jetzt sieht Oskar zu Kornelius Kaktus hinüber. Der Lehrer steht am Strand und zeigt den Drachenschülern, wie sie Arme und Beine bewegen müssen, um im Wasser vorwärts zu kommen.

Den ganzen Vormittag üben die Drachenkinder das Schwimmen. Kornelius steht im Wasser und hilft ihnen dabei. Manchmal schaut er verstohlen auf den kleinen Oskar und überlegt, ob es wohl richtig war, ein Fressdrachenkind in die Schule aufzunehmen. Aber als Kornelius nach einer Weile sieht, wie eifrig der kleine Oskar das Schwimmen übt, verfliegen seine Zweifel wie kleine Sandkörnchen im Wind.

Oskar ist traurig

Am nächsten Morgen kommt Oskar pünktlich auf dem Schulplatz an. Dort wartet eine große Überraschung auf ihn: Die Drachenkinder haben für ihn eine Drachenschultüte gebastelt und die ist auch noch voll bis obenhin mit nützlichen Dingen und Leckereien! Oskar wird ganz rot, aber er freut sich und fühlt sich wie ein kleiner König. Stolz geht er mit den anderen in die Schulhöhle und setzt sich dort neben Kokosnuss auf die Schulbank.

Von jetzt an geht Oskar jeden Tag heimlich zur Drachenschule. Zwar verwechselt er immer noch »zwei plus vier« und »zwei mal vier«, aber dafür macht er sich sehr gut im Lesen und Schreiben.

Nach ein paar Tagen aber stellt sich heraus, was Oskar am besten kann: schwimmen! Sogar tauchen kann er, und das viel besser als alle anderen.
Kornelius Kaktus staunt über den kleinen Fressdrachen. Ein Fressdrache, der schwimmen kann! Das ist fast ein kleines Wunder!

Dann kommt der Tag vor dem großen Ausflug.
»Kinder, morgen geht es los!«, ruft Kornelius. »Wir treffen uns bei Sonnenaufgang beim großen Drachenfloß. Jeder bringt eine Decke für die Nacht und genug zu Essen und zu Trinken für die Überfahrt mit. Ich selbst sorge für die Zelte und für das Geschenk.«
»Ein Geschenk?«, fragt Kokosnuss.
»Ja, ein roter Stein«, antwortet Kornelius. »Die Ollemlinna liebt rote Steine. Und weil diese Steine auf der Schildkröteninsel nicht vorkommen, bringen wir ihr einen mit. Vielleicht erzählt sie uns dann eine von ihren spannenden Geschichten.«

Am Abend aber sitzt Oskar traurig am Strand und starrt auf das Meer hinaus.
»Oskar, was machst du noch hier?«, hört er plötzlich eine Stimme hinter sich.
Oskar dreht sich um. Da steht sein Freund Kokosnuss.
»Ach«, seufzt der kleine Fressdrache, »ich kann nicht mit auf den Ausflug.«
»Warum kannst du nicht mit?«, fragt Kokosnuss.
»Na, der Ausflug dauert doch zwei Tage und zwei Nächte lang. Wenn ich aber abends nicht nach Hause komme, dann kriege ich riesigen Ärger mit meinen Eltern. Und dann fliegt sowieso alles auf.«

»Aber wir brauchen dich doch! Du bist doch unser bester Schwimmer!«
Da sieht Kokosnuss, wie dem kleinen Fressdrachen eine Träne über die Wange kullert.
»Weißt du was?«, ruft der kleine Feuerdrache. »Du sagst deinen Eltern einfach, dass du eine Reise machst!«
»Eine Reise?«, fragt Oskar.
»Ja!«, sagt Kokosnuss. »Eine Expedition, die zwei Tage lang dauert.«
Oskar überlegt. »Hm, eine Expedition. Das

könnte klappen. Ich kann ja sagen, dass ich auch mal lernen muss, ganz allein zwei Tage und zwei Nächte in der Wildnis zu verbringen. Das würde mein Vater bestimmt erlauben.«
Er springt auf und grinst: »Dann muss ich jetzt aber nach Hause und meine Sachen packen.«
Und im Nu ist Oskar hinter den Dünen verschwunden.

Aufregung am Strand

Am nächsten Morgen wird das Drachenfloß bepackt: Decken und Zelte, ein Wasserfass und ein großer Korb mit Essen werden verstaut. Kokosnuss und Duftikus schleppen den roten Stein herbei, den Kornelius an den Raketenklippen gefunden hat.
Bald sind alle pünktlich versammelt. Auch die

Dracheneltern sind dabei, um ihre Kinder zu verabschieden. Nur einer fehlt: Oskar.
Wo bleibt er nur?, denkt Kokosnuss.
Die Drachenkinder steigen schon auf das Floß.
Kornelius blickt hinüber zu den Dünen, aber auch dort ist kein Oskar zu sehen.
»Da kann man leider nichts machen«, sagt Kornelius, stößt das Floß vom Ufer ab und steigt selbst mit hinauf.

In diesem Augenblick kommt Oskar samt Rucksack über die Dünen gerannt.

»Wartet!«, ruft er. »Ich komme!«

Er rennt an den erstaunten Dracheneltern vorbei und watet vorsichtig ins Wasser hinein. Da plötzlich ertönen schwere Schritte hinter den Dünen. Die Erde bebt und ein heiserer Schrei ist zu hören: »Nicht ins Wasser, Oskar! Du ertrinkst!«

Es ist Oskars Mutter Adele, die gerade den Strand erreicht. Hinter ihr erscheint der große Fressdrache Herbert. Die anderen Dracheneltern machen ihnen ehrfürchtig Platz. Sie haben zwar keine Angst, denn sie können ja Feuer speien, aber so ganz geheuer sind ihnen die beiden Fressdrachen nicht.

»Oskar, komm sofort da raus! Du wirst ganz nass und ertrinkst!«, ruft der große Herbert.

»Aber ich kann doch schwimmen!«, erwidert Oskar.

»Schwimmen?«, rufen Adele und Herbert wie aus einem Maul. »Kein Fressdrache kann schwimmen.«

»Ich schon«, sagt Oskar stolz und watet dorthin, wo das Wasser tiefer ist.

»Nicht!«, rufen Adele und Herbert.

Aber da schwimmt Oskar schon. Fünf Züge nach vorn und fünf Züge wieder zurück.

Adele und Herbert blicken sich ungläubig an.

»Du kannst ja wirklich schwimmen. Ohne unterzugehen«, staunt Adele.

Der große Herbert aber rümpft die Nase und brummt: »Du kommst jetzt trotzdem aus dem Wasser! Nur weil du schwimmen kannst, darfst du noch lange nicht auf dieses Floß.«

Da schlurft der kleine Oskar mit hängenden Schultern an den Strand zurück.
In diesem Augenblick erhebt sich plötzlich eine hohe Wasserwelle aus dem Meer. Die Welle erfasst das Floß und schaukelt es hin und her wie eine Nussschale im Sturm. Kornelius und die Drachenkinder purzeln über Bord.
Da taucht der riesige Meeresdrache Amadeus aus dem Wasser auf.
»Amadeus!«, ruft Kokosnuss ärgerlich. »Kannst

du nicht aufpassen? Sieh nur, was du angerichtet hast!«

»Öh«, stottert Amadeus. »Ich wollte nur mal schauen, warum so viele Leute am Strand herumstehen.«

»Heute fährt die erste Drachenklasse auf den Schulausflug und wir wollten gerade mit dem Floß in See stechen«, ruft Kokosnuss zum großen Amadeus hinauf.

Zum Glück können alle Drachenkinder schwimmen.

Im Nu sind sie wieder auf das Floß geklettert.

»Oh nein«, ruft Duftikus Dickbauch. »Der rote Stein ist weg!«

Im selben Moment ist Oskar schon ins Wasser gesprungen und zum Meeresgrund hinabgetaucht.

»Oskar!«, rufen Adele und Herbert erschrocken.

Da ruft Kokosnuss zum Strand hinüber: »Sie brauchen keine Angst um Oskar zu haben. Der kann tauchen wie ein Fisch!«

Ganz glatt liegt das Meer jetzt vor ihnen. Keine Spur von Oskar. Die Drachen halten den Atem an. Adele und Herbert zittern am ganzen Körper. Plötzlich taucht der kleine Fressdrache wieder auf und schwimmt mit etwas Schwerem in den Armen bis ins flache Wasser. Dort richtet er sich auf und hält stolz den roten Stein in die Höhe.
»Bravo, Oskar!«, rufen Kornelius und die Drachenkinder.
»Bravo!«, rufen auch die Dracheneltern am Strand. Sogar der große Amadeus klatscht mit seinen Flossen.
Mit einem Mal aber wird es ganz still. Alle blicken erst auf Oskar und dann auf Oskars Eltern.

Da räuspert sich der große Herbert: »Nun, äh... tja also. Du kannst ja wirklich tauchen.« Und Adele fügt hinzu: »Ohne zu ertrinken!« Da senkt Oskar den Kopf und sagt: »Das habe ich in der Schule gelernt. Ich wollte doch so gerne zur Schule. Und weil ihr es nicht erlaubt habt, bin ich eben heimlich hingegangen.« Adele nimmt Oskar auf den Arm und drückt ihn ganz fest. Da fragt der kleine Fressdrache: »Darf ich denn jetzt mit auf den Ausflug? Ich bin doch der beste Schwimmer der Klasse.« Adele schaut zu Herbert hinüber. Der große Fressdrache blickt sich verstohlen um, wiegt den Kopf hin und her und sagt: »Na ja, also wenn das so ist ...«

Da springt Oskar mit einem lauten »Juchhe!« in Papa Herberts Arme und gibt ihm einen dicken Fressdrachenkuss.

Kornelius zieht das Floß zum Strand zurück und dort wird der rote Stein wieder aufgeladen. Dann springt Oskar an Bord und Kornelius ruft: »Segel setzen!«

Die Dracheneltern schauen ihren Kindern noch lange nach. Auch Herbert und Adele bleiben am Strand stehen. So lange bleiben die beiden dort, bis das Floß mit ihrem kleinen Oskar darauf nur noch ein winziger Punkt am Horizont ist.

Die Schildkröteninsel

Bald schon erkennen die kleinen Drachen die Umrisse der Schildkröteninsel. Tatsächlich sieht die Insel von weitem genauso aus wie eine riesige Schildkröte.
Zur Mittagszeit erreicht das Floß den kleinen Strand. Auf der Insel gibt es viele Felsen,

steile und flache, niedrige Felsen und sehr hohe.
Und es gibt einen großen Insel-Dschungel.
Zuerst wird das Drachenlager am Dschungelrand errichtet, gleich oberhalb des Strandes.
Kornelius hilft den kleinen Drachen, die Schlafzelte aufzubauen.
Dann sammeln alle Holz für das Lagerfeuer am Abend.
Doch noch bevor es Abend wird, wandert die ganze

Klasse zur Olleminna. Sie wohnt, nicht weit vom Strand entfernt, an einem kleinen Weiher mitten im Dschungel.

Die Olleminna ist eine riesenhafte Schildkröte. Unter ihrem moosbewachsenen Panzer schaut ihr mächtiger schuppiger Kopf hervor.

»Sieh an, die Drachenschule schaut vorbei«, krächzt die alte Schildkröte.

Staunend und ein bisschen ängstlich betrachten die kleinen Drachenschüler die Olleminna. So ein seltsames Tier haben sie noch nie zuvor gesehen. Auch die Olleminna schaut sich jedes Drachenkind genau an, denn sie ist trotz ihres

hohen Alters sehr neugierig. Da erblickt sie Oskar. »Was sehe ich da auf meine alten Tage?«, murmelt sie. »Ein kleiner Fressdrache, der in die Schule geht. Wer hätte das gedacht!«
In diesem Moment bringen Gisa Gießkanne und Gunda Guckmada den roten Stein.
»Wie schön!«, seufzt die alte Schildkröte. »Er passt genau in meine Sammlung. Vielen Dank, ihr kleinen Drachen!«
»Erzählst du uns auch eine Geschichte?«, fragt Kokosnuss aufgeregt.

Die Olleminna schließt die Augen und holt tief Luft. »Das werde ich tun«, antwortet sie mit heiserer Stimme. »Doch jetzt bin ich viel zu müde von der Aufregung. Kommt morgen wieder!«

»Kinder«, sagt Kornelius. »Lasst die Olleminna schlafen. So ein Besuch ist sehr anstrengend für sie.«

Als sie wieder bei den Zelten sind, entfachen die jungen Drachen mit ihren Feuerstrahlen das Lagerfeuer. Über dem Feuer werden Kokosnüsse geröstet. Dazu gibt es frische Kokosmilch, knackigen Dschungelsalat und gekochte Meeresgurken.

Nach dem Essen kriechen die Drachenschüler in die Zelte. Kokosnuss und Oskar haben sich zusammen ein Zelt ausgesucht. Sie kuscheln sich in ihre Decken ein und lauschen den Geräuschen der Nacht.

»Du, Kokosnuss«, flüstert Oskar.

»Hast du im Dunkeln Angst?«

»Nein«, antwortet Kokosnuss. »Ich habe nämlich

einen Freund, der ist Fressdrache. Was soll mir da schon passieren?«

»Und ich habe einen Freund, der ist Feuerdrache«, sagt Oskar stolz.

Und bald, als der Mond schon hoch über der Insel steht, sind die beiden Freunde eingeschlafen.

Alle Kokosnuss-Abenteuer auf einen Blick:

- Der kleine Drache Kokosnuss (978-3-570-12683-7)
- Der kleine Drache Kokosnuss feiert Weihnachten (978-3-570-12765-0)
- Der kleine Drache Kokosnuss kommt in die Schule (978-3-570-12716-2)
- Der kleine Drache Kokosnuss – Hab keine Angst! (978-3-570-12806-0)
- Der kleine Drache Kokosnuss und der große Zauberer (978-3-570-12807-7)
- Der kleine Drache Kokosnuss und der schwarze Ritter (978-3-570-12808-4)
- Der kleine Drache Kokosnuss und seine Abenteuer (978-3-570-13075-9) *gekürzte Fassung des Bilderbuchs »Der kleine Drache Kokosnuss« (978-3-570-12683-7)*
- Der kleine Drache Kokosnuss – Schulfest auf dem Feuerfelsen (978-3-570-12941-8)
- Der kleine Drache Kokosnuss besucht den Weihnachtsmann (978-3-570-13202-9) *gekürzte Fassung des Buchs »Der kleine Drache Kokosnuss feiert Weihnachten« (978-3-570-12765-0)*
- Der kleine Drache Kokosnuss und die Wetterhexe (978-3-570-12942-5)
- Der kleine Drache Kokosnuss reist um die Welt (978-3-570-13038-4)
- Der kleine Drache Kokosnuss und die wilden Piraten (978-3-570-13437-5)

- Der kleine Drache Kokosnuss – Meine Schulfreunde (978-3-570-13548-8)
- Der kleine Drache Kokosnuss im Spukschloss (978-3-570-13039-1)
- Der kleine Drache Kokosnuss und der Schatz im Dschungel (978-3-570-13645-4)
- Der kleine Drache Kokosnuss und das Vampir-Abenteuer (978-3-570-13702-4)
- Der kleine Drache Kokosnuss und das Geheimnis der Mumie (978-3-570-13703-1)
- Der kleine Drache Kokosnuss und die starken Wikinger (978-3-570-13704-8)
- Der kleine Drache Kokosnuss auf der Suche nach Atlantis (978-3-570-15280-5)
- Der kleine Drache Kokosnuss bei den Indianern (978-3-570-15281-2)
- Der kleine Drache Kokosnuss im Weltraum (978-3-570-15283-6)
- Der kleine Drache Kokosnuss reist in die Steinzeit (978-3-570-15282-9)
- Der kleine Drache Kokosnuss – Schulausflug ins Abenteuer (978-3-570-15637-7)
- Der kleine Drache Kokosnuss bei den Dinosauriern (978-3-570-15660-5)
- Der kleine Drache Kokosnuss und der geheimnisvolle Tempel (978-3-570-15829-6)
- Der kleine Drache Kokosnuss und die Reise zum Nordpol (978-3-570-15863-0)
- Der kleine Drache Kokosnuss – Expedition auf dem Nil (978-3-570-15978-0)